Dieses Buch gehört

Warum sollten Kinder lernen, die Uhr zu lesen?

- Die Uhrzeit ist eine der wichtigsten Größen im Alltag.
- Die Uhrzeit ablesen zu können, erlaubt Kindern, selbstständiger zu werden und zu einem vereinbarten Zeitpunkt an einem bestimmten Ort zu sein.
- Diese Fähigkeit ist wichtig, um am gesellschaftlichen Leben teilzuhaben.
- Die Kinder lernen, Zeitspannen einzuschätzen.
- Die Kinder lernen frühzeitig den Stellenwert von Pünktlichkeit und Zeitmanagement.

Welche Uhren eignen sich gut, um die Uhrzeit zu lernen?

- Um die Uhrzeit zu lernen, eignen sich Lernuhren, die neben den Stundenzahlen bis 12 auch die Stunden bis 24 Uhr abbilden.
- Die Zahlen sollten gut lesbar sein.
- Zwischen den Zahlen sollten Punkte oder Striche für die Minuten dargestellt sein, damit die Kinder zu Beginn noch die Möglichkeit haben, diese abzuzählen und ein Gefühl für die Minuten zu bekommen.

Was müssen die Kinder bereits wissen, um die Uhrzeit lesen zu lernen?

- Die Richtungen „rechts“ und „links“ sollten bekannt sein, um den Begriff „Uhrzeigersinn“ zu verstehen.
- Die Zahlen von 1 bis 24 beziehungsweise 1 bis 60 sollten sicher beherrscht werden.
- Bedeutung der Zeiger: Eine Uhr hat einen langen Zeiger, den Minutenzeiger und einen kürzeren, meist breiteren Zeiger, den Stundenzeiger.
- Der Tag hat 24 Stunden und schließt die Nacht mit ein, jede Zahl ist doppelt belegt.
- Es gibt verschiedene Uhren: Eine analoge Uhr ist eine Uhr mit Zeigern, auf einer digitalen Uhr wird die Uhrzeit direkt in Zahlen angegeben.
- Um mit der Uhrzeit rechnen zu können („Wann kommt der Bus?“) müssen Kinder die Zahlen von 1 bis 60 auch addieren und subtrahieren können.

Wie sollte man einem Kind grundsätzlich das Thema Uhr nahe bringen?

1. Beginnen Sie mit den vollen Stunden, zunächst noch zwischen 1 Uhr und 12 Uhr. Erklären Sie, dass der kleine Zeiger die Stunden anzeigt und deshalb Stundenzeiger heißt. Der lange Minutenzeiger bleibt nun erstmal auf der 12 stehent. Stellen Sie die Demonstrationsuhr auf die vollen Stunden und fragen Sie, wie viel Uhr es ist. Danach darf Kind auf der Lernuhr selbst vorgegebene Uhrzeiten einstellen.

2. Im nächsten Schritt lernen die Kinder, wie die Stunden zwischen 13 Uhr und 24 Uhr angezeigt werden. Hierbei wird analog zu 1. Vorgegangen.

3. Nun kommt auch der Minutenzeiger ins Spiel: Das Kind lernt die Begriffe „Viertel nach", „Viertel vor" und „halb" mit der zugehörigen Zeigerstellung von Minuten- und Stundenzeiger kennen. Ihr Kind darf wieder die Uhrzeiten ablesen und Zeigerstellungen zu bestimmten Uhrzeiten üben.

Tipp: Beim Lernen der Uhr sollten Sie noch auf regionale Bezeichnungen wie „Viertel vier" für „Viertel nach drei" und „Dreiviertel vier" für „Viertel vor vier" verzichten, da es sonst zu verwirrend wird.

4. Der für viele Kinder schwierigste Schritt ist die Minutenanzeige. Erklären Sie, dass eine Stunde 60 Minuten umfasst und das jeder kleine Strich oder Punkt auf der Uhr für eine Minute steht.

Tipp: Wiederholen Sie mit Ihrem Kind, dass bei einer vollen Stunde 0 Minuten, bei einer viertel Stunde 15 Minuten, bei einer halben Stunde 30 Minuten und einer dreiviertel Stunde 45 Minuten vergangen sind. Diese Marken können sie als Anker nutzen, von denen aus sie weitere Minuten zunächst abzählen können. Wichtig ist die Info, dass zwischen zwei Stundenangaben immer 5 Minuten liegen, so können die Kinder diese Fünferschritte leichter bündeln.

5. Wenn die Kinder Uhrzeiten korrekt ablesen und zuordnen können, kann das Rechnen mit der Zeit beginnen. Dazu muss ihr Kind allerdings sicher im Zahlenraum bis 60 addieren und subtrahieren können.

Warum dieses Buch?

Dieses Buch bietet eine systematische und didaktisch sinnvoll aufgebaute Hilfestellung, um Ihrem Kind beizubringen, die Uhr zu lesen.

Das Buch arbeitet nach dem Belohnungskonzept, um die Motivation aufrecht zu erhalten. Jede Seite kann abgestempelt werden und am Ende können Sie Ihrem Kind eine Urkunde ausstellen.

Wie gehen Sie vor?

- Das Wichtigste vorab: Nehmen Sie sich Zeit für dieses schwierige Thema. Es ist noch kein Uhrenmeister vom Himmel gefallen und das ganze Thema soll spielerisch und mit viel Spaß vermittelt werden. Jedes Kind hat ein eigenes Lern-Tempo und eine individuelle Konzentrationsdauer, beides muss berücksichtigt werden!
- Seiten mit dem Stiftsymbol sind zum Ausfüllen gedacht, Seiten mit dem Uhrensymbol zum üben mit der Regenbogen-Uhr. Die Seiten mit dem Klebesymbol beinhalten Bastelvorlagen und Seiten mit dem Gehirn regen zum Lesen und Nachdenken an.
- Arbeiten Sie das Buch mit Ihrem Kind zusammen durch, es ist ausdrücklich nicht als reines Beschäftigungsbuch gedacht. Einige Kinder können die Uhrzeit bereits lesen lernen, noch bevor Sie Texte lesen können. Daher geben Sie Hilfestellungen bei den Anweisungen und kontrollieren Sie die Ergebnisse. Es wurde daher auch bewusst auf Lösungsseiten verzichtet.
- Arbeiten Sie das Buch von vorn bis hinten oder zumindest kapitelweise durch, die Aufgaben und Übungen bauen aufeinander auf und der Schwierigkeitsgrad wird im Verlauf des Buches gesteigert.
- Kreativität ist erlaubt! Denken Sie sich gern neue Übungen aus.
- Stempeln Sie die einzelnen Seiten und die Gesamtübersicht am Ende des Buches ab, so machen Sie den Fortschritt für sich und Ihr Kind sichtbar.
- Geschafft! Stellen Sie am Ende die Urkunde aus, rahmen Sie sie ein und hängen Sie sichtbar im Kinderzimmer auf. Vielleicht ist es nun auch Zeit, für die erste Uhr am Handgelenk Ihres Kindes?

Eine schöne Zeit und viel Spaß!

Regenbogen-Übungsuhr

Klebe Uhr und Zeiger auf Pappe.
Schneide jeweils Uhr und Zeiger aus.
Schneide die Zahlen aus.
Klebe die Zahlen auf die Uhr.
Befestige die Zeiger mit einer Musterklammer.

12 11 10 9 8 7

6 5 4 3 2 1

RICHTUNGEN UND ZAHLEN

Erstmal ein Witz zum warm werden:

Was ist sehr alt und zeigt die Zeit nicht mehr so genau?

Ein Uhropa

Wo ist eigentlich links?

Und wie kann man sich das merken?

Mit welcher Hand malst du eigentlich?

Hat eine deiner Hände etwas Besonderes, z.B. einen Leberfleck, zeichne ihn im Bild ein?

LINKS

Wo ist eigentlich rechts?

Und wie kann man sich das merken?
Mit welcher buddelst du einen Tunnel im Sandkasten?
Hat eine deiner Hände etwas Besonderes, z.B. eine Narbe, zeichne sie im Bild ein?

RECHTS

Richtungen

Verbinde die Pfeile mit den richtigen Wörtern.

	links
	unten
	rechts
	oben

WOHIN ZEIGEN DIE UHRZEIGER?

Kreise sie jeweils mit der richtigen Farbe ein.
Benutze einen blauen Stift für links, einen gelben Stift für rechts, einen grünen Stift für oben und einen roten Stift für unten.
Es können auch mehrere Antworten möglich sein.

links rechts

oben unten

ZAHLEN VON 1 BIS 24

Wann brauchst du diese Zahlen noch?
Richtig geraten, im ADVENT

ZAHLEN

1 BIS 60

1	2	3	4	5	6	7	8	9	10
11	12	13	14	15	16	17	18	19	20
21	22	23	24	25	26	27	28	29	30
31	32	33	34	35	36	37	38	39	40
41	42	43	44	45	46	47	48	49	50
51	52	53	54	55	56	57	58	59	60

Im Uhrzeigersinn...

Das hast du bestimmt schon einmal gehört.
Aber was heißt das eigentlich?

Die Zeiger einer Uhr drehen sich ab der 12 rechts herum (von oben nach unten).
Und ab der 6 links herum (von unten nach oben)

WO GEHÖREN DIE ZIFFERN HIN?

Schneide die Ziffern aus und klebe sie an der richtigen Stelle auf die Uhr.

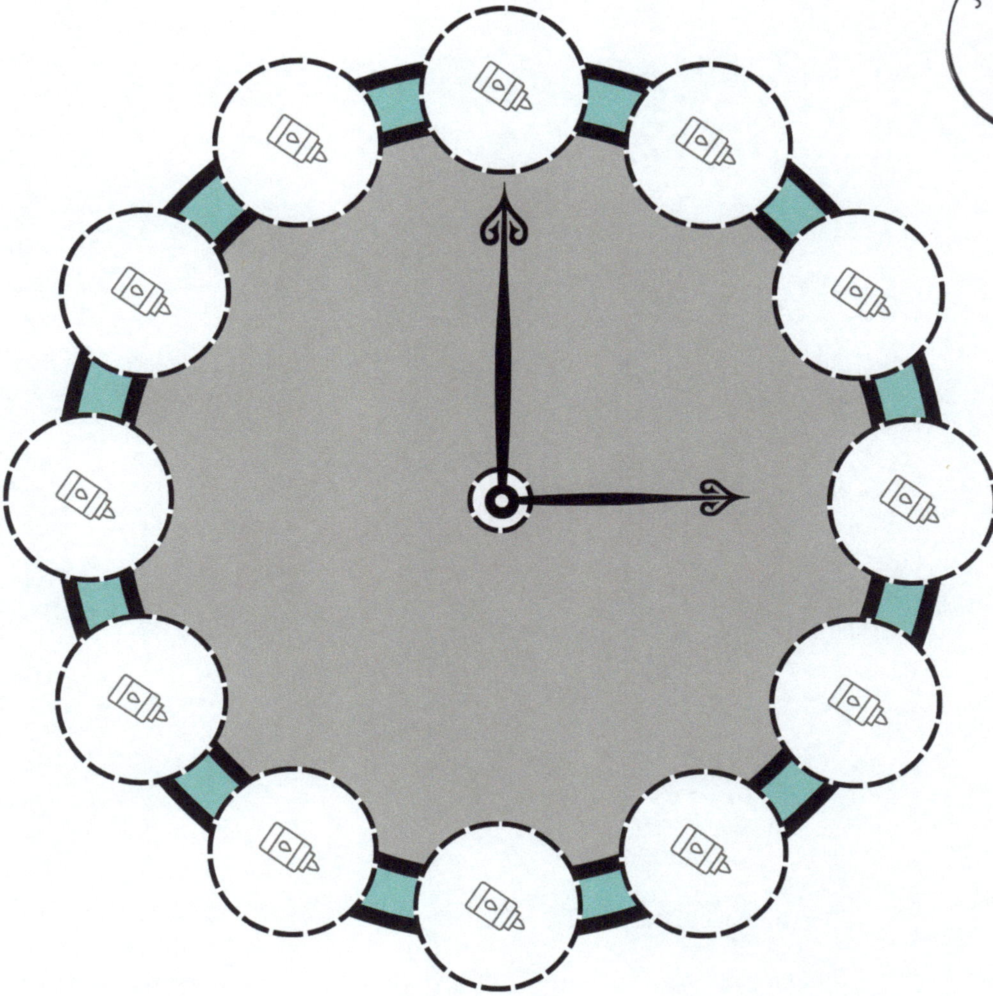

STUNDEN

Elemente einer Uhr

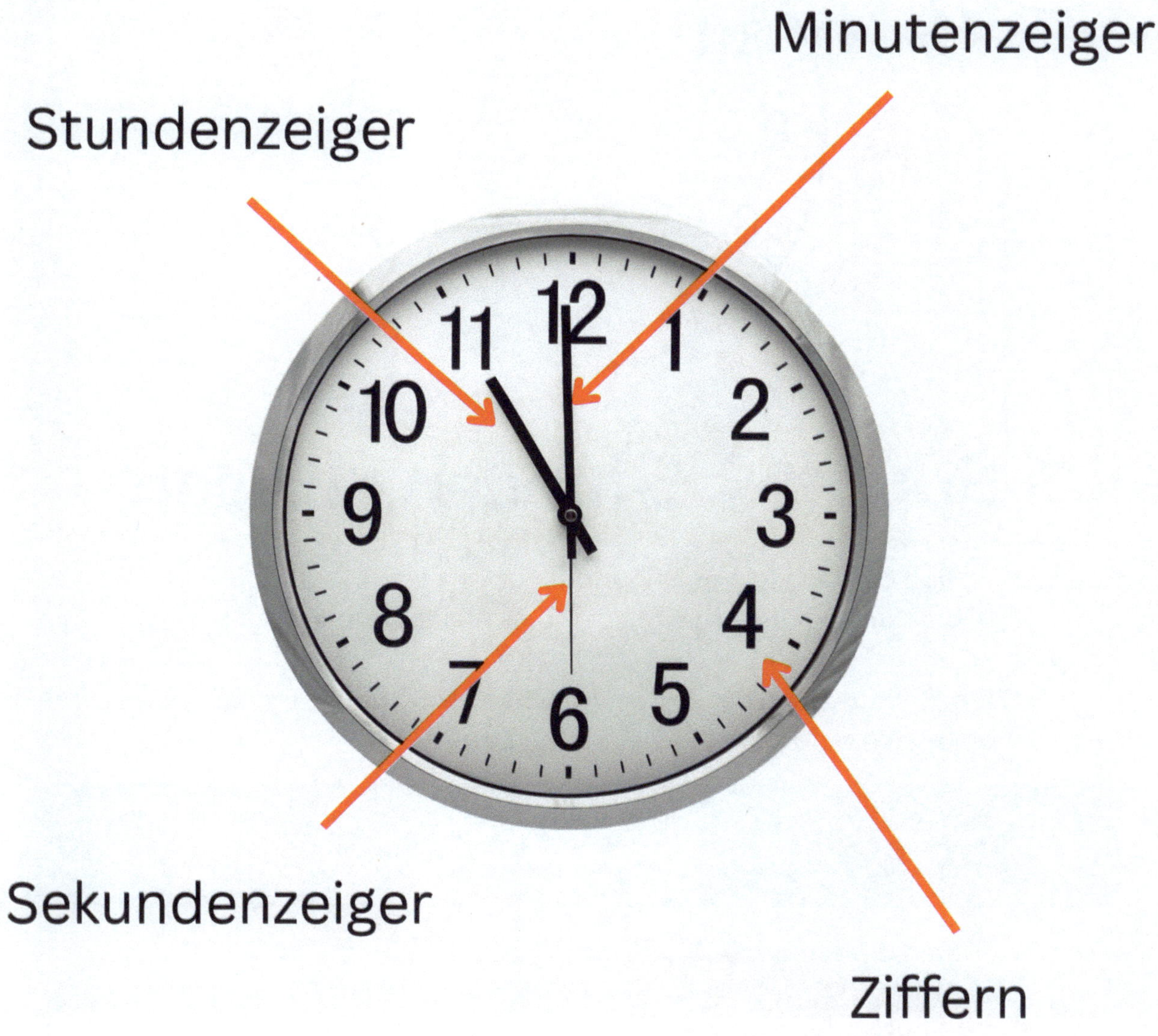

Zeit ablesen

Schritt 1: Stunden ablesen

- Sieh dir den kleinen Zeiger an.
- Die Zahl, auf die er zeigt, ist die aktuelle Stunde

Tipp: Befindet sich der Zeiger zwischen zwei Zahlen, ist die vorherige von beiden richtig!

Schritt 2: Minuten abl[illegible]n

SCHRITT 2 FOLGT SPÄTER!

- Sieh dir den groß[illegible]er a[illegible]
- Start[illegible]m e[illegible]ten [illegible]rich hinter der 12 und [illegible]en[illegible]riche bis zum großen [illegible]eiger.

Tipp: Zwischen je[illegible]Za[illegible]eg[illegible]5 [illegible]ut[illegible]. Zeigt der Zeiger auf die[illegible]s[illegible]is[illegible] Mi[illegible]uten vergangen.
So kannst du s[illegible]h[illegible]er zählen!

In unserem Beispiel ist es 4 Uhr und 05 Minuten.

ÜBUNG: WIE SPÄT IST ES?

Lies die Uhrzeit auf den analogen Uhren ab

und trage sie in die Felder ein.

:

:

:

:

:

:

:

:

:

VOR- ODER NACHMITTAGS?

Der Tag hat 24 Stunden. Die analoge Uhr hat aber nur 12 Ziffern. Daher kommt jede Stunde 2 x vor und muss unterschiedlich benannt werden, damit man vor- und nachmittags unterscheiden kann.
Der Tag wird vor und nach dem höchsten Stand der Sonne um 12.00 Uhr einfach in 2 Hälften unterteilt.

ANTE MERIDIEM
= VOR MITTAG
(A.M.)

POST MERIDIEM
= NACH MITTAG
(P.M.)

24	=	12
1	=	13
2	=	14
3	=	15
4	=	16
5	=	17
6	=	18
7	=	19
8	=	20
9	=	21
10	=	22
11	=	23

Mehr Zahlen für deine Übungsuhr gibt's auf Seite 93!

ÖFFNUNGSZEITEN

Der Tag hat 24 Stunden. Leicht zu verstehen ist es, anhand der Öffnungszeiten bestimmter Geschäfte.
Der Kiosk hat tagsüber und nachts für 24 Stunden geöffnet.
Im Supermarkt Einkaufen gehen kann man nur am Tag von 8 bis 20 Uhr.

VOR- ODER NACHMITTAGS?

Jetzt bist du dran!

Trage die fehlenden Zahlen ein!

ANTE MERIDIEM
= VOR MITTAG
(A.M.)

POST MERIDIEM
= NACH MITTAG
(P.M.)

24 =
1 =
2 =
3 =
4 =
5 =
6 =
7 =
8 =
9 =
10 =
11 =

Kreise die angezeigte Zeit ein

12:00
6:00
12:30

8:00
3:00
12:30

12:00
6:00
3:00

17:00
12:00
1:30

12:00
11:00
1:30

12:00
19:00
1:30

SMARTWATCH

Übnertrage die Zeit in die Smartwatch. Es ist nachmittags.

Zeit am Wecker ablesen

12-Stundenanzeige analog	24-Stundenanzeige digital
12.00 Uhr	00:00 Uhr
1.00 Uhr	01:00 Uhr
2.00 Uhr	02:00 Uhr
3.00 Uhr	03:00 Uhr
4.00 Uhr	04:00 Uhr
5.00 Uhr	05:00 Uhr
6.00 Uhr	06:00 Uhr
7.00 Uhr	07:00 Uhr
8.00 Uhr	08:00 Uhr
9.00 Uhr	09:00 Uhr
10.00 Uhr	10:00 Uhr
11.00 Uhr	11:00 Uhr
12.00 Uhr	12:00 Uhr
1.00 Uhr	13:00 Uhr
2.00 Uhr	14:00 Uhr
3.00 Uhr	15:00 Uhr
4.00 Uhr	16:00 Uhr
5.00 Uhr	17:00 Uhr
6.00 Uhr	18:00 Uhr
7.00 Uhr	19:00 Uhr
8.00 Uhr	20:00 Uhr
9.00 Uhr	21:00 Uhr
10.00 Uhr	22:00 Uhr
11.00 Uhr	23:00 Uhr

Jetzt bist du dran!

Selbst eine kaputte Uhr stimmt also zwei mal am Tag.

Uhrendschungel

Welche Uhren kennst du schon?
Verbinde die Abbildung mit dem richtigen Wort

Sanduhr

Stoppuhr

Taschenuhr

Wecker

Sonnenuhr

Standuhr

Kuckucksuhr

Wasseruhr

Schreibzeit

Ziehe eine Linie, um jede Zeit mit jeder geschriebenen Zeit zu vergleichen.

9:00	Vier Uhr
11:00	Sechs Uhr
4:00	Zwölf Uhr
22:00	Neun Uhr
19:00	Dreizehn Uhr
6:00	Neunzehn Uhr
12:00	Acht Uhr
17:00	Elf Uhr
13:00	Siebzehn Uhr
8:00	Zweiundzwanzig uhr

DIE NACHTEULE

Die kleine Nachteule möchte um 23.00 Uhr schlafen. Trage die Zeit in die Uhr ein.

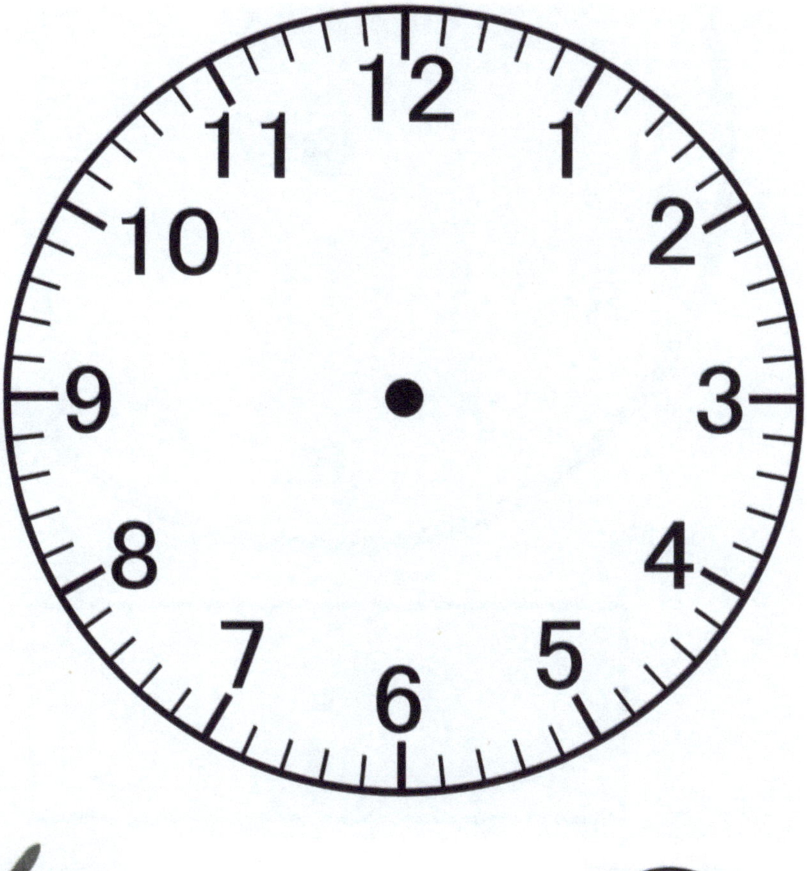

Jetzt bist du dran!

Geister-Stunde

Weißt du, wann die Geisterstunde beginnt?
Trage die Geisterstunde ein, damit die kleinen Geister pünktlich "spuken" können.

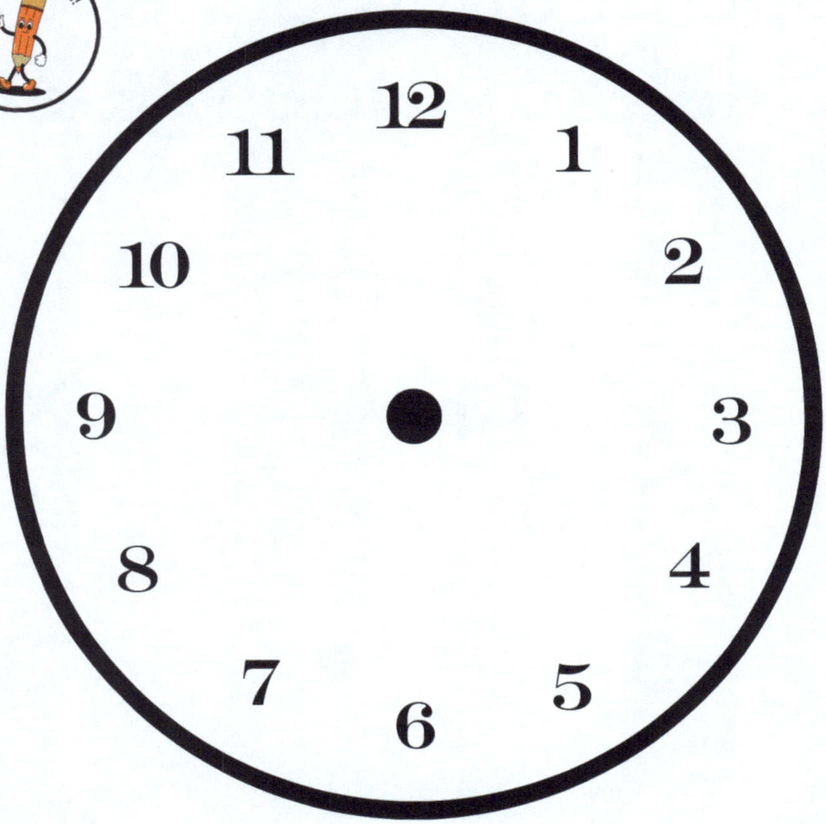

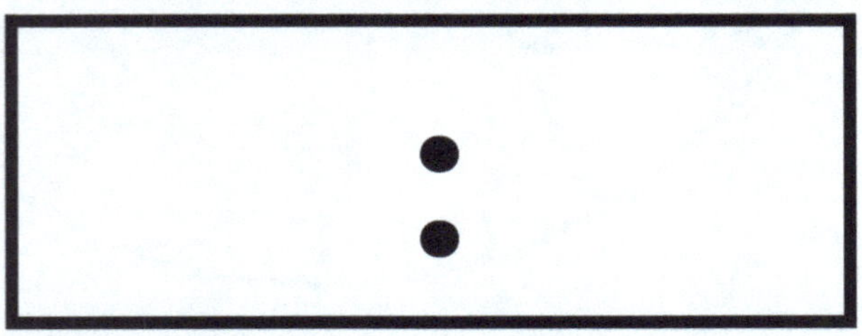

WELCHE UHRZEIT STIMMT?

Kreuze die richtige Uhrzeit an.

	Es ist 07.00 Uhr.
	Es ist 13.00 Uhr.

	Es ist 14.00 Uhr.
	Es ist 10.00 Uhr.

	Es ist 10.00 Uhr vormittags.
	Es ist 23.00 Uhr.

	Es ist 10.00 Uhr vormittags.
	Es ist 23.00 Uhr.

	Es ist 08.00 Uhr abends.
	Es ist 07.00 Uhr morgens.

Ankreuzübung

WELCHE UHRZEIT WIRD ANGEZEIGT? KREUZE DIE RICHTIGE UHRZEIT AN (X).

☐ **09.00**	☐ **07.00**	☐ **01.00**
☐ **10.00**	☐ **08.00**	☐ **12.00**
☐ **11.00**	☐ **05.00**	☐ **09.00**
☐ **12.00**	☐ **06.00**	☐ **08.00**

☐ **13.00**	☐ **12.35**	☐ **01.00**
☐ **12.10**	☐ **20.00**	☐ **04.00**
☐ **12.00**	☐ **19.00**	☐ **16.00**
☐ **10.00**	☐ **06.00**	☐ **17.00**

ÜBUNG: WIE SPÄT IST ES?

Lies die Uhrzeit auf den analogen Uhren ab

und trage sie in die Felder ein.

:

:

:

:

:

:

:

:

:

Welche Uhren kennst du?

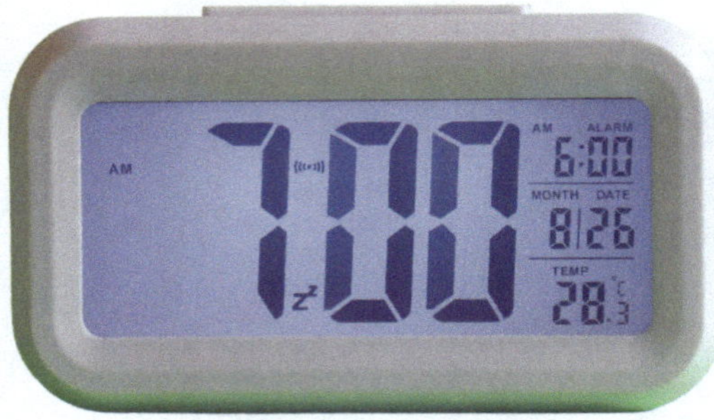

Wanduhr, Digitaluhr, Sonnenuhr, Turmuhr, Armbanduhr

ZEITUMSTELLUNG

Frühling

Umstellung auf
Sommerzeit

Wir stellen den Stundenzeiger eine Stunde vor.

Herbst

Umstellung auf
Winterzeit

Wir stellen den Stundenzeiger eine Stunde zurück.

WELCHE UHRZEIT STIMMT?

Kreuze die richtige Uhrzeit an.

	Es ist 14.00 Uhr.
	Es ist 17.00 Uhr.

	Es ist 09.00 Uhr.
	Es ist 11.45 Uhr.

	Es ist 12.15 Uhr.
	Es ist 3.00 Uhr nachmittags.

	Es ist 12.00 Uhr.
	Es ist 6.00 Uhr.

	Es ist 16.00 Uhr.
	Es ist17.00 Uhr.

Wie spät ist es?

nachmittags

__ __ : __ __

__ __ : __ __

vormittags

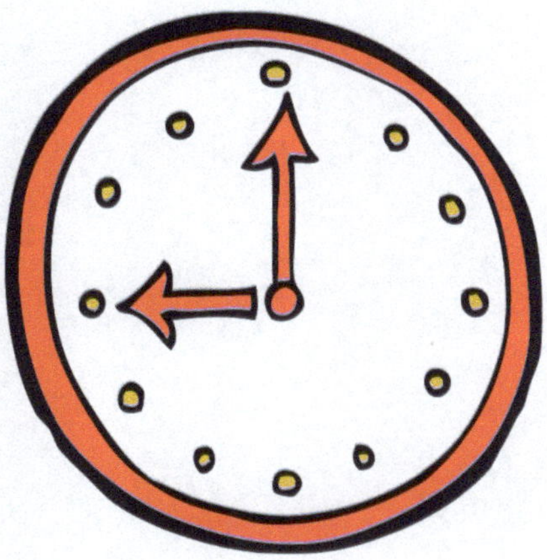

__ __ : __ __

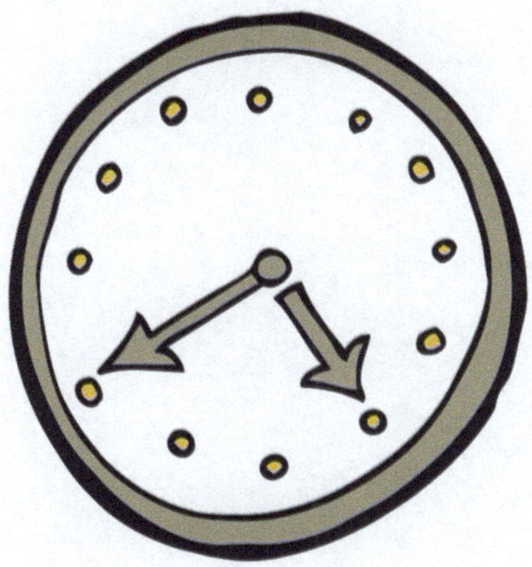

__ __ : __ __

MINUTEN

Zeit ablesen

Schritt 1: S[illegible]n ablesen

SCHRITT 1 KANNST DU SCHON!

- Si[illegible] [illegible]einen Zeiger an.
- [illegible]e Zahl, auf die er zeig[illegible]

Tipp: Befindet [illegible] Zeiger zwischen zwei Zahlen, ist die vorherige von beiden ric[illegible]ig!

Schritt 2: Minuten ablesen

- Sieh dir den <u>großen</u> Zeiger an.
- Starte oben bei dem ersten Strich hinter der 12 und zähle die Minutenstriche bis zum großen Zeiger.

Tipp: Zwischen jeder Zahl liegen 5 Minuten. Zeigt der Zeiger auf die 3, sind also 15 Minuten vergangen. So kannst du schneller zählen!

In unserem Beispiel ist es 4 Uhr und 05 Minuten.

Eine Viertelstunde

15 Minuten

Eine halbe Stunde

30 Minuten

Eine Dreiviertelstunde

45 Minuten

Eine Stunde

60 Minuten

Torte essen!

Ein Viertel der Torte zu essen, dauert 15 Minuten oder eine Viertelstunde.
Wieviel Zeit wird benötigt?
Verbinde die Tortenstücke mit den Uhren!

½

¼

¾

MINUTEN

Jeder Strich steht für eine Minute. Auf der Uhr gibt es 60 Teilstriche, die für 60 Minuten stehen. 60 Minuten entsprechen einer Stunde.

ZEIT ANSAGEN

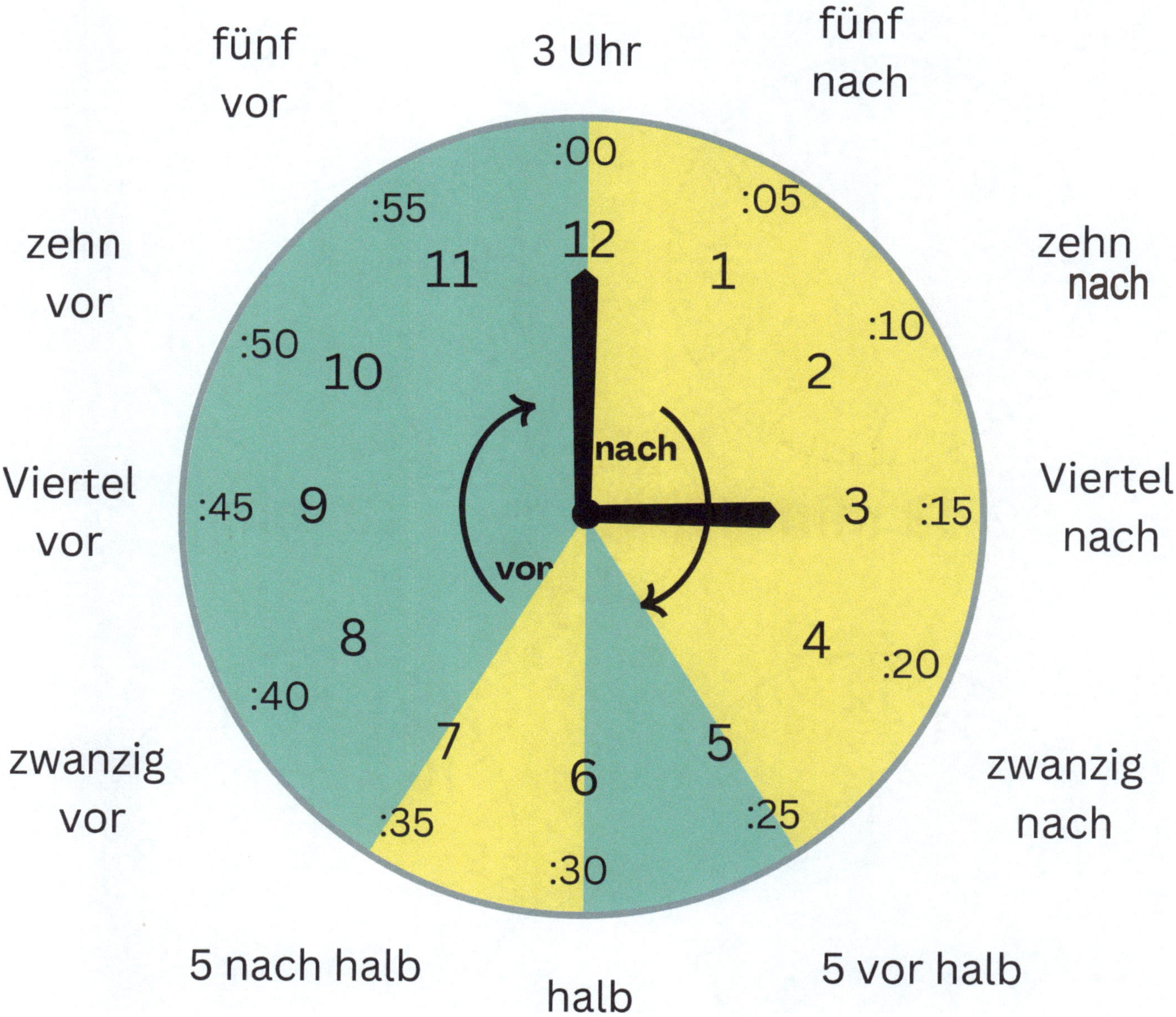

Minutenzeigerübung

Zeichne den Minutenzeiger genau in die Uhren.

42 min

18 min

9 min

37 min

Üben, üben, üben...

Kreise die richtige Zeit ein.

	Es ist 2 Uhr. Es ist 12 Uhr.	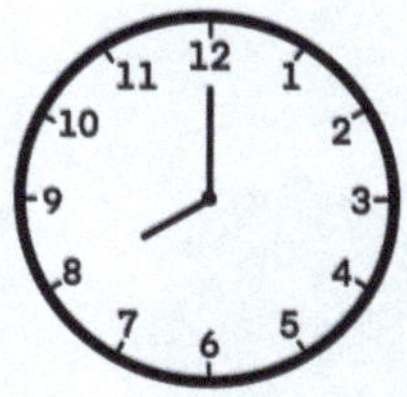	Es ist 21 Uhr. Es ist 20 Uhr.
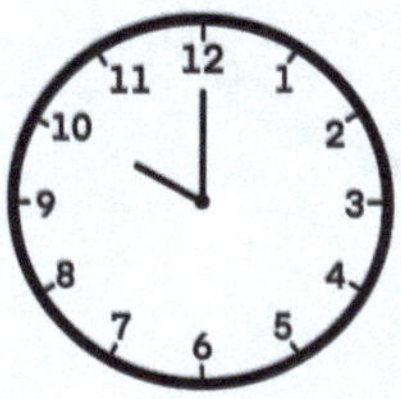	Es ist 7 Uhr. Es ist 10 Uhr.		Es ist 15 Uhr. Es ist 14 Uhr.
	Es ist 4 Uhr. Es ist 8 Uhr.	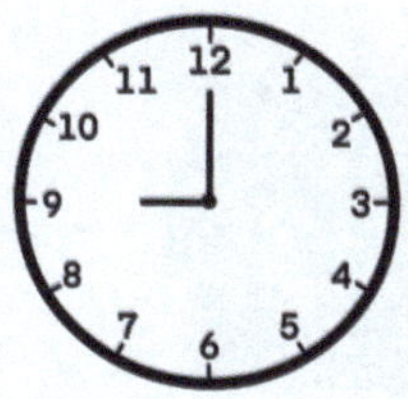	Es ist 3 Uhr. Es ist 9 Uhr.
	Es ist 19 Uhr. Es ist 19 Uhr 30.		It's five o'clock It's six o'clock
	Es ist 13 Uhr 30. Es ist 14 Uhr 30.	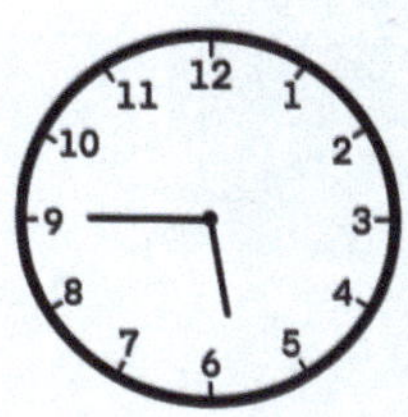	Es ist 17 Uhr 45. Es ist 18 Uhr 45.

ES IST HALB ...

Zeichne die Zeiger gemäß der Digitalanzeige in die analogen Uhren ein.

Was ist eigentlich eine Sanduhr?

Auf einer Sanduhr kannst du zwar nicht die Zeit direkt ablesen, aber du kannst die Zeit messen. Stell dir vor, du möchtest wissen, wie lange es dauert, bis deine Lieblingssendung beginnt oder wie lange du spielen darfst, bevor du ins Bett gehst. Eine Sanduhr kann dir dabei helfen! Sanduhren werden schon seit vielen hundert Jahren verwendet. Eine Sanduhr besteht aus zwei gläsernen Behältern, die durch eine enge Öffnung verbunden sind. Die Behälter sind oft wie zwei Kegel geformt und auf den Spitzen zusammengeklebt. Der obere Behälter ist mit Sand gefüllt. Wenn du die Sanduhr umdrehst, beginnt der Sand durch die enge Öffnung in den unteren Behälter zu rieseln.

Wie funktioniert sie?

1. **Sand oben**: Wenn du die Sanduhr umdrehst, beginnt der Sand aus dem oberen Behälter durch die schmale Öffnung nach unten zu rieseln.
2. **Sand rieselt**: Der Sand rieselt langsam und gleichmäßig von oben nach unten. Dabei kannst du beobachten, wie sich der Sandhaufen im unteren Behälter bildet.
3. **Sand unten**: Wenn der gesamte Sand von oben nach unten gerieselt ist, ist die Zeit abgelaufen. Jetzt ist der gesamte Sand im unteren Behälter.

Eine Sanduhr zeigt uns auf einfache und schöne Weise, wie die Zeit vergeht. Sie ist nicht nur praktisch, sondern auch faszinierend zu beobachten!

ES IST VIERTEL VOR ...

Zeichne die Zeiger gemäß der Digitalanzeige in die analogen Uhren ein.

5-Minuten-Schritte

Der Abstand des Minutenzeigers zwischen den Stundenziffern beträgt immer 5 Minuten. 12-mal 5 Minuten ergibt 60 Minuten und damit eine volle Stunde.

ES IST VIERTEL NACH ...

Zeichne die Zeiger gemäß der Digitalanzeige in die analogen Uhren ein.

Raketenstart

Die Astronauten sollen pünktlich zum Mond fliegen. Zeichne die Zeiger auf die Startzeit 10.00 Uhr ein.

10:00

Ermittle die genaue Uhrzeit

Nachmittag

Stundenzahl

Minutenzahl

Es ist ______ Minuten nach ______.

______ Uhr ______

Sag die genaue Uhrzeit

Vormittag

Stundenzahl

Minutenzahl

Es ist ______Minuten nach______.

______Uhr______

ÜBUNG: ZEIGER EINZEICHNEN

Zeichne die Zeiger auf den Uhren richtig ein.

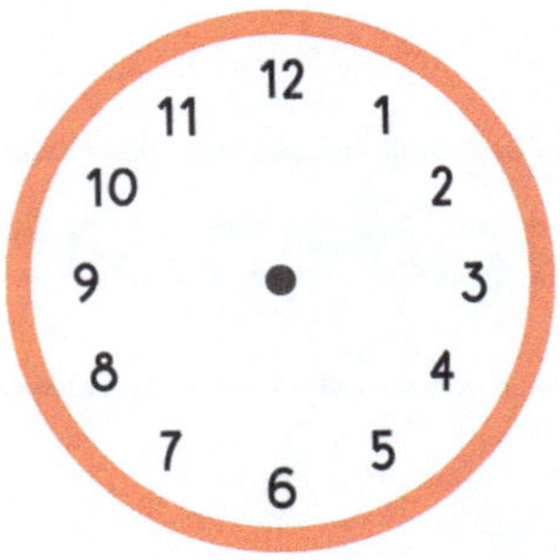

02:30

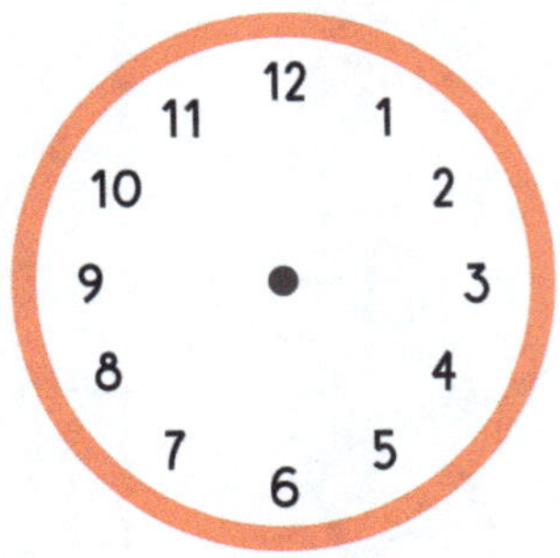

15:15

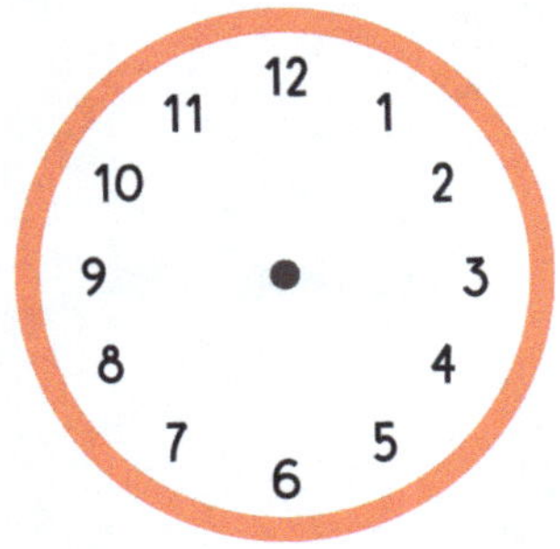

06:30

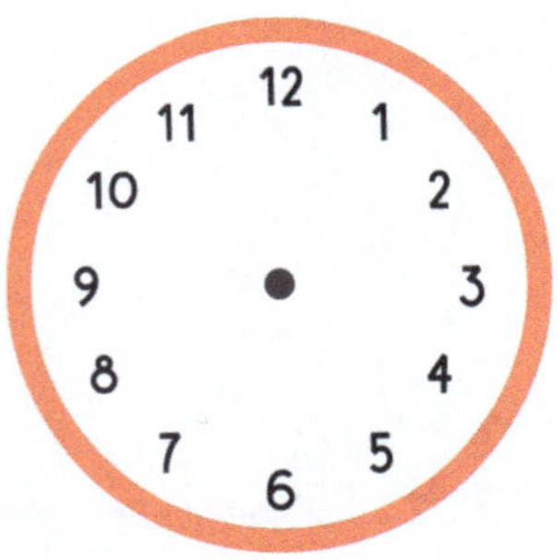

19:00

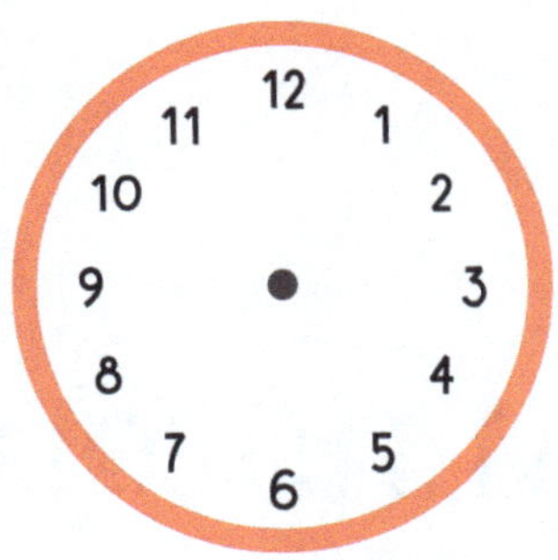

21:30

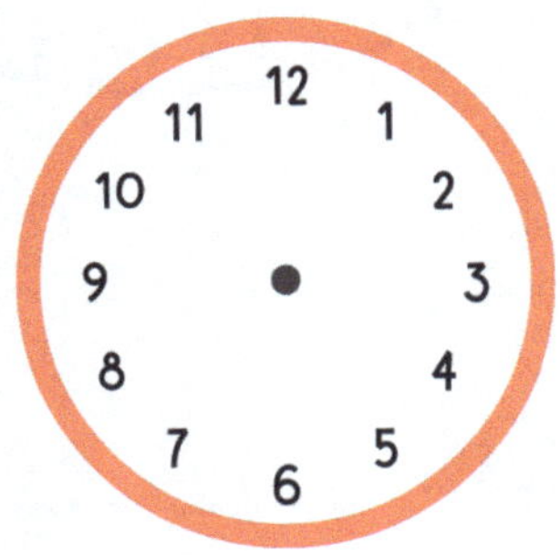

10:00

01:00

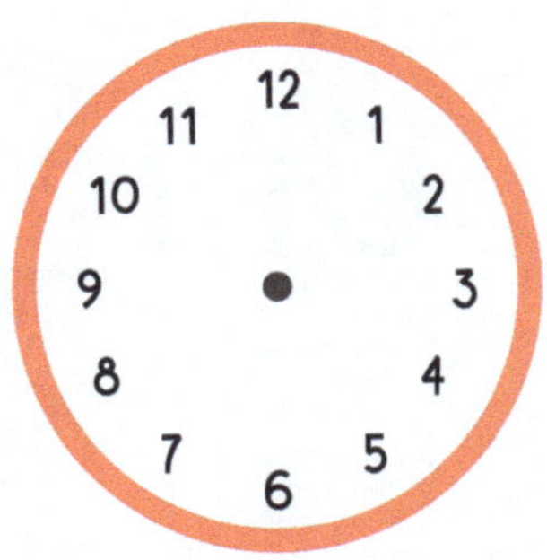

05:15

16:45

NOCH MEHR ÜBUNGEN

Schreibe die Zeit unter jede Uhr.

Kerzenuhr

Du brauchst:

- 2 Bienenwachskerzen
- 1 Holzbrett
- einen Hammer
- große Nägel
- eine Uhr/Stoppuhr
- einen Porzellanteller
- die Hilfe eines/einer Erwachsenen

1. Schlage von unten durch das Holzbrett zwei Nägel hindurch. Auf den Nägeln setzt du die zwei gleichen Kerzen.
2. Die eine Kerze zündest du an, am besten zu voller Stunde und wartest bis zur nächsten vollen Stunde wie weit sie abgebrannt ist.
3. Nun pustest du sie aus, nimmst ein Lineal, hältst es an beide Kerzen und markierst an der nicht angebrannten Kerzen die Höhe der angebrannten Kerze. So hast du jetzt eine volle Stunde ermittelt.
4. Zeichne mehrere Markierungen mit dem selben Abstand ein, erwärme jeweils einen Nagel und drücke einen in jede Markierung.
5. Nimm die fertige Kerzenuhr und klebe sie mit etwas heißen Wachs auf den Teller.

Achtung, Windzug, kann die Brenndauer der Kerzen verändern!
Dünne Kerzen brennen gleichmäßiger herunter.

Vergangene Minuten

Wie viele Minuten sind vergangen, seit dem es 18.00 Uhr war?

Minuten

Minuten

Minuten

Minuten

UHREN LABYRINTH

Suche den Weg von der jeweiligen Uhr zur richtigen Zeit.

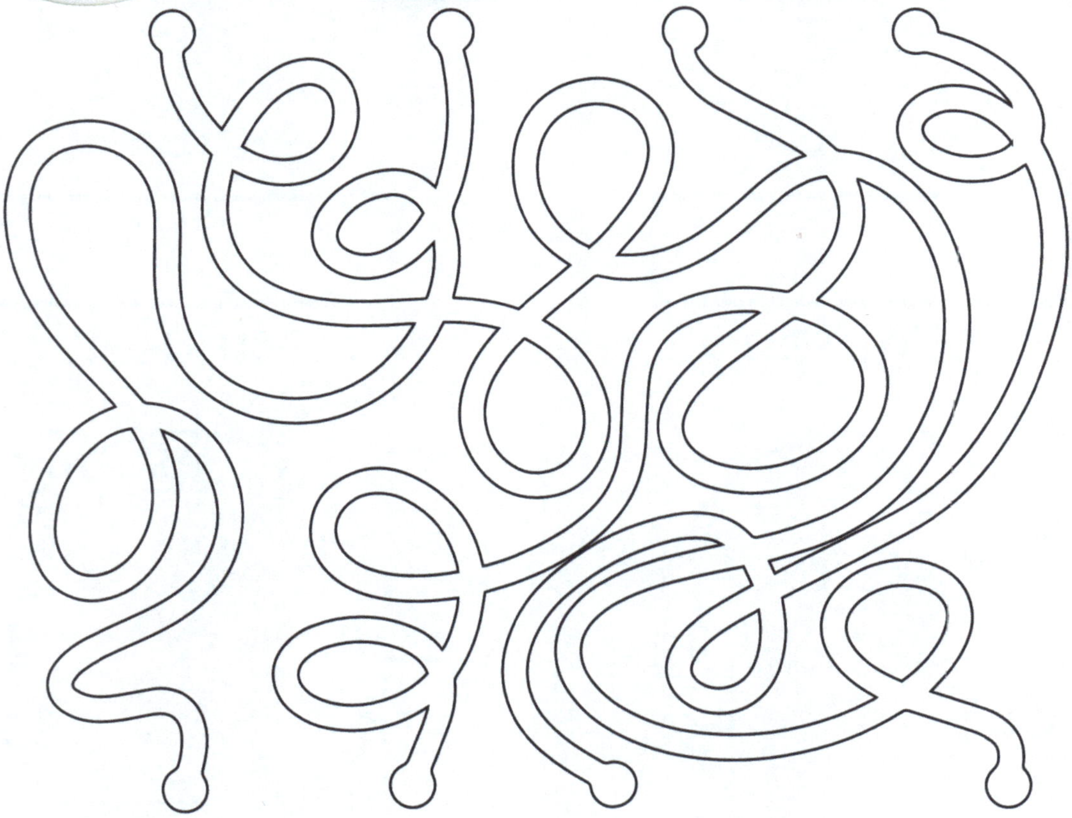

Welche Uhr ist das?

Benenne die Uhr und kreuze an, welche Zeiteinheiten gemessen werden können.

____

1)

☐ Stunden
☐ Minuten
☐ Sekunden

____

2)

☐ Stunden
☐ Minuten
☐ Sekunden

____

3)

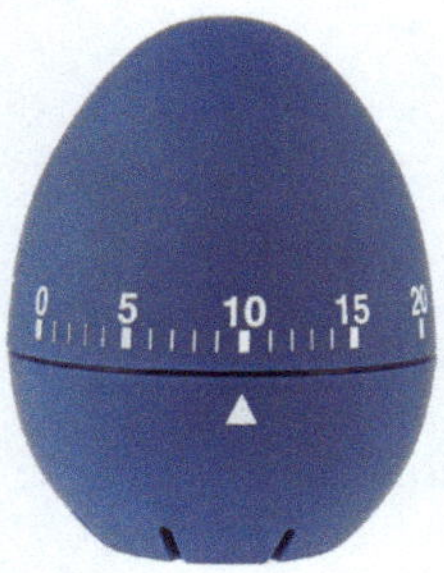

☐ Stunden
☐ Minuten
☐ Sekunden

____

4)

☐ Stunden
☐ Minuten
☐ Sekunden

____

5)

☐ Stunden
☐ Minuten
☐ Sekunden

____

6)

☐ Stunden
☐ Minuten
☐ Sekunden

1) Wanduhr, 2) Digital-Wecker, 3) Eieruhr, 4) Armbanduhr, 5) Stoppuhr, 6) Sonnenuhr

Die Zeit erzählen : Aktivitäten am Morgen

Um wie viel Uhr wachst du morgens auf und gehst los? Zeichnen wir die Zeiger auf die Uhr, um die Zeit anzuzeigen.

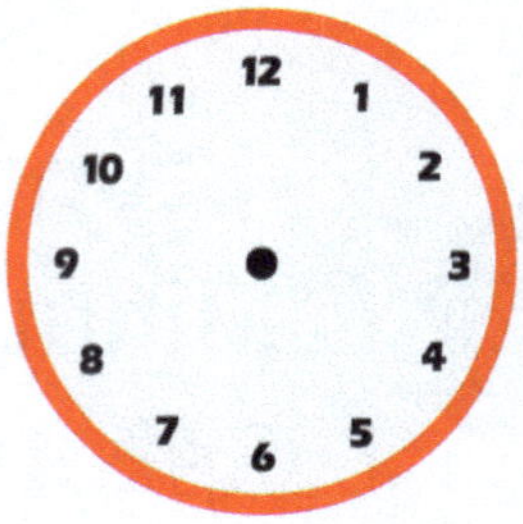

Paul wacht um 06:00 Uhr auf.

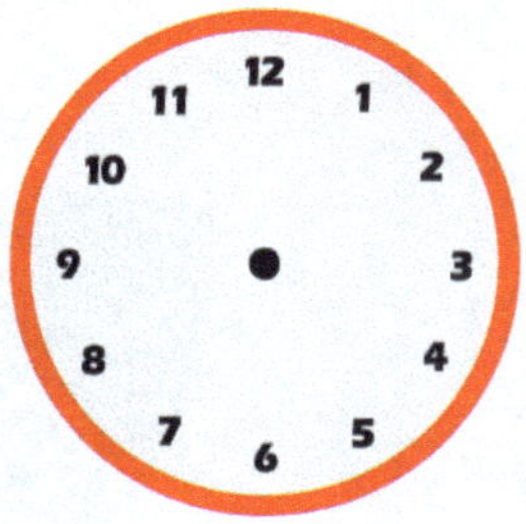

Carl putzt seine Zähne um 06:15 Uhr.

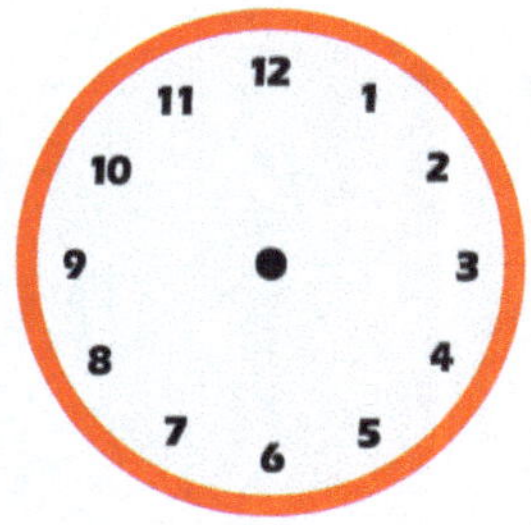

Andrej duscht um 06:45 Uhr.

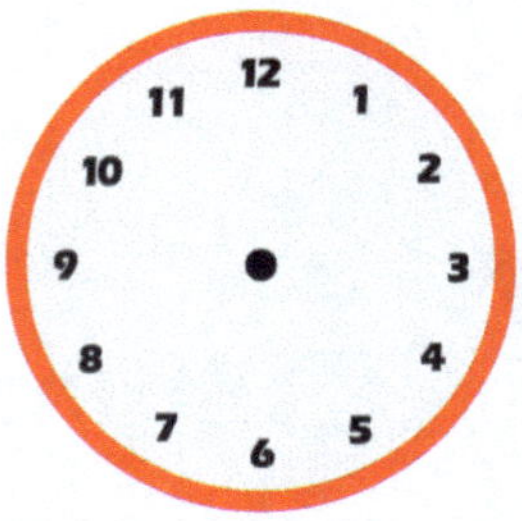

Greta ist um 07:00 Uhr Frühstück.

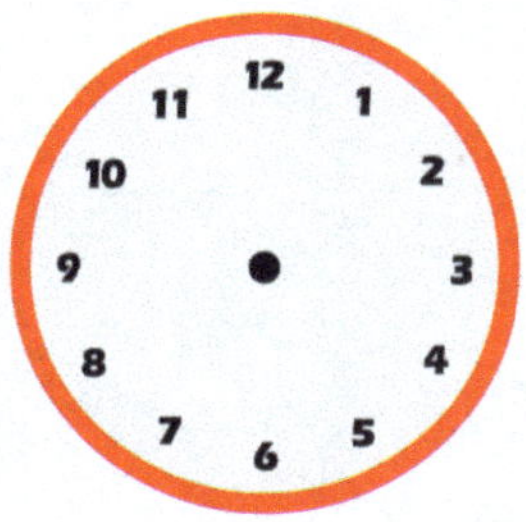

Sinan trinkt um 07:10 Uhr Milch.

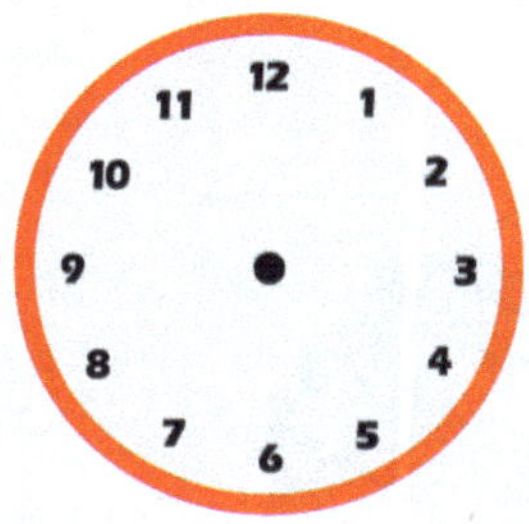

Kosta ist um 07:15 Uhr Müsli.

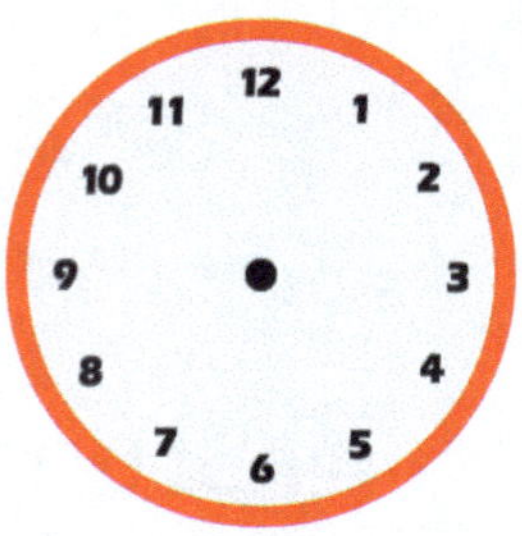

Johanna nimmt den Bus um 07:30 Uhr.

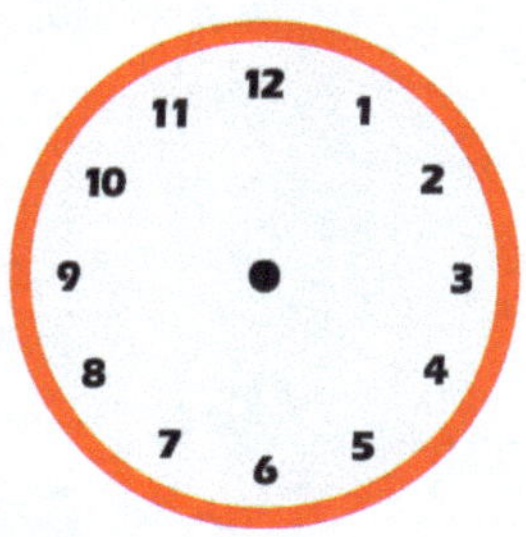

Timo erreicht die Haltestelle um 07:15 Uhr.

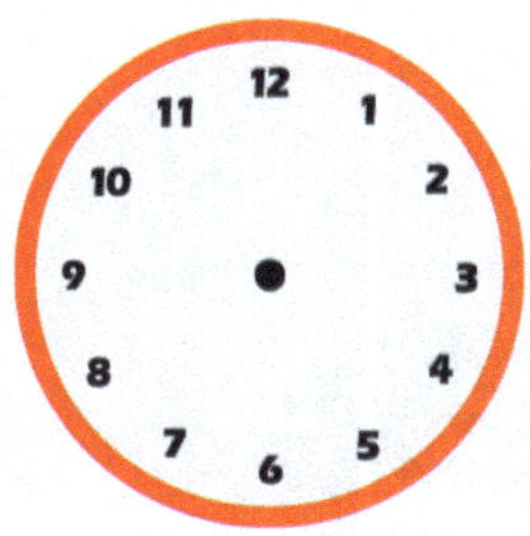

Mattia erreicht um 08:00 Uhr die Schule.

SONNENUHR BAUEN

Du willst wissen, wie spät es ist und hast keine Uhr? Kein Problem! Man kann sich ganz einfach eine Sonnenuhr bauen und die Uhrzeit anhand des Standes der Sonne am Himmel anzeigen. Nimm dir ein Stück Holz oder ein Stück Pappe. Zeichne zuerst eine waagerechte Linie. In der Mitte der Linie zeichnest du dazu eine Senkrechte. Dort ist die Markierung für 12 Uhr mittags. Jetzt zeichnest du einen Halbkreis um den waagerechten Strich. Die Mitte des Halbkreises verläuft am Ende des senkrechten Striches. Jetzt unterteilst du den Halbkreis in 12 gleichgroße Pizzastücke. Anschließend schreibst du Zahlen beginnend von links mit 6 bis rechts bis 18 (oder 6 Uhr nachmittags). Dort wo sich die senkrechte und die waagerechte Linie kreuzen steckst du einen Stock rein. Nun kommt der schwierigste Teil. Richte den senkrechten Strich in der Mitte in Richtung Süden aus. Deine Eltern haben bestimmt einen Kompass auf ihrem Handy. Du kannst aber auch warten bis es 12 Uhr ist und dann legst du deine Sonnenuhr so hin, dass sie den richtigen Schatten wirft. Denke aber daran, dass deine Uhr nicht so genau ist, wie eine richtige Uhr.

ZEITEINHEITEN

Zeiteinheiten

60 Sekunden = 1 Minute

60 Minuten = 1 Stunde

24 Stunden = 1 Tag

7 Tage = 1 Woche

365 Tage = 1 Jahr

12 Monate = 1 Jahr

10 Jahre = Jahrzehnt

100 Jahre = Jahrhundert

verstrichene Zeit

Die verstrichene Zeit ist die Zeit, die zwischen einem Zeitpunkt und einem anderen Zeitpunkt (Beginn/Ende) vergeht.

verstrichene Zeit ermitteln

Paul ging um 19:05 Uhr mit seinen Freunden in einen Film. Er verließ das Kino um 21:07 Uhr. Wie lange hat der Film gedauert?

Uhren

Beginn

19:05

Ende

21:07

Wie viele Stunden sind vergangen?
Wie viele Minuten sind vergangen?

verstrichene Zeit:
2 Stunden, 2 Minuten

Tabelle

Zeit	Stunden & Minuten
19:05	START
20:05	1 Stunde
21:05	1 Stunde
21:07	2 Minuten

2 Stunden

2 Minuten

verstrichene Zeit:
2 Stunden, 2 Minuten

Zeitstrahl

verstrichene Zeit:
2 Stunden, 2 Minuten

Wann kommt der Bus?

Was ist eigentlich Zeit?

Was ist Zeit?

Hast du dich schon mal gefragt, was *Zeit* eigentlich ist? Wir sehen sie nicht, wir hören sie nicht, aber sie ist immer da! Lass uns gemeinsam entdecken, was Zeit bedeutet.

Stell dir vor, Zeit ist wie ein unsichtbarer Fluss, der immer weiter fließt. Dieser Fluss hört niemals auf, er fließt Tag und Nacht, egal, was du machst. Manchmal fließt der Fluss ganz schnell, zum Beispiel, wenn du spielst und Spaß hast. Und manchmal, besonders wenn du auf etwas wartest, fühlt es sich an, als ob der Fluss ganz langsam fließt.

Wie messen wir die Zeit?

Damit wir wissen, wie viel Zeit vergangen ist, haben die Menschen vor langer Zeit angefangen, *Uhren* zu erfinden. Eine Uhr hilft uns, den unsichtbaren Fluss der Zeit zu sehen. Sie zeigt uns, wie lange etwas dauert, wie spät es ist oder wie viel Zeit wir noch haben.

Zum Beispiel: Du wachst morgens auf, und deine Uhr zeigt an, dass es 7 Uhr ist. Das bedeutet, dass es noch früh am Morgen ist, und du hast den ganzen Tag vor dir. Wenn die Uhr dann 12 Uhr zeigt, ist es Mittag. Und wenn es 8 Uhr abends wird, ist es Zeit, ins Bett zu gehen, denn der Tag ist fast vorbei.

Zeit in Sekunden, Minuten und Stunden

Die Zeit wird in kleine Stücke aufgeteilt. Diese Stücke nennen wir Sekunden, Minuten und Stunden. Du kennst das bestimmt: 60 Sekunden sind eine Minute. Und 60 Minuten sind eine Stunde! Das ist ein bisschen so, als ob du einen Kuchen in viele kleine Stücke schneidest. Jedes Stück ist eine bestimmte Menge an Zeit.

Gestern, heute und morgen

Mit der Zeit können wir auch über *Gestern*, *Heute* und *Morgen* sprechen. Gestern ist schon vorbei, das liegt hinter uns. Heute ist genau jetzt – das ist der Moment, in dem wir leben. Und morgen? Das ist die Zeit, die noch kommt, und darauf können wir uns freuen!

Manchmal kann es schwer sein zu verstehen, dass die Zeit immer weiterläuft. Aber je mehr du dich mit Zeit beschäftigst, desto besser wirst du darin, sie zu nutzen. Denn Zeit ist etwas ganz Besonderes: Sie gibt uns die Möglichkeit, Dinge zu erleben, zu spielen, zu lernen und schöne Momente zu genießen.

Was machst du mit deiner Zeit?

Jeder Tag ist wie ein neues Abenteuer. Morgens kannst du frühstücken, dann zur Schule gehen, spielen und abends ins Bett gehen. Alles, was du machst, passiert in der Zeit. Denk doch mal darüber nach: Was machst du am liebsten mit deiner Zeit?

Jetzt hast du ein bisschen mehr darüber erfahren, was Zeit ist. Sie hilft uns, unser Leben zu organisieren, Dinge zu erleben und zu planen. Und das Beste daran? Jeder Tag bringt dir neue Zeit, die du auf deine ganz eigene Weise nutzen kannst!

Zeitmessung

Wie messen wir die Zeit?

Hast du dich schon mal gefragt, wie wir eigentlich wissen, wie spät es ist? Das ist gar nicht so einfach! Um die Zeit zu messen, haben Menschen schon vor Tausenden von Jahren clevere Erfindungen gemacht. Heute nutzen wir Uhren, aber früher gab es ganz andere Methoden, die Zeit zu bestimmen.

Mechanische Uhren

Vor etwa 700 Jahren gab es dann die ersten **mechanischen Uhren**. Diese Uhren hatten Zahnräder und Pendel, die sehr genau liefen. Durch das Ticken der Uhr konnten Menschen die Zeit nun viel besser messen – und das nicht nur bei Sonnenschein oder mit Wasser und Sand! Diese Uhren wurden oft auf hohen Türmen gebaut, damit alle Leute im Dorf oder in der Stadt die Zeit sehen konnten.

Die moderne Uhr: Quarz und Atomuhren

Heutzutage haben wir sehr genaue Uhren, die auf **Quarzkristallen** basieren. Quarz schwingt in einer sehr gleichmäßigen Geschwindigkeit, wenn er elektrisch aufgeladen wird. Diese Schwingungen sind so genau, dass sie uns helfen, die Zeit auf die Sekunde genau zu messen.

Warum ist Zeitmessung so wichtig?

Die Zeit zu messen ist super wichtig, denn sie hilft uns, unser Leben zu organisieren. Sie sagt uns, wann die Schule beginnt, wann der Bus kommt, und wann wir ins Bett gehen sollen. Dank der Zeitmessung wissen wir, wie lange etwas dauert – ob es fünf Minuten sind, um sich die Zähne zu putzen, oder zwei Stunden für einen Kinofilm.

Heute tragen wir Uhren am Handgelenk oder haben sie auf unserem Handy. So können wir immer und überall wissen, wie spät es ist. Aber egal, ob mit einer Sonnenuhr oder einer Atomuhr – Zeit zu messen, ist eine der besten Ideen, die Menschen je hatten!

Zeiteinheiten

Verbinde die richtigen Paare.

1 Jahr •	• 60 Sekunden
1 Monat •	• 12 Monate
1 Woche •	• 7 Tage
1 Tag •	• 30 Tage
1 Stunde •	• 60 Minuten
1 Minute •	• 24 Stunden

Die Zeit rennt!

Oder auch nicht, je nachdem, worauf man wartet!
Kennst du schon ihre Einheiten? Trage sie ein und
streiche sie durch!

1 Tag

1 Stunde

1 Minute

1 Woche

1 Jahrhundert

1 Dekade

1 Jahr

1 Jahr

60 Sekunden =	365 Tage =
60 Minuten =	12 Monate =
24 Stunden =	10 Jahre =
7 Tage =	100 Jahre =

Wie die Zeit verrinnt...

Baue deine eigene Sanduhr im Handumdrehen selbst!

Du brauchst:

- *2 gleiche Schraubgläser oder 2 gleiche Flaschen mit Deckeln*
- *Kraftkleber oder eine Heißklebepistole*
- *Sand, fein und trocken (z.B. Vogelsand)*
- *großer Nagel und Hammer*
- *feines Sieb*
- *buntes Klebeband*
- *Sticker zum Dekorieren*
- *dicke Pappe zum Unterlegen*
- *eine Stoppuhr*
- *ggf. etwas feines Glitzer, je nach Geschmack*
- *die Hilfe eines/einer Erwachsenen!*

1: Schraube die Deckel der Schraubgläser oder Flaschen ab. Klebe die Verschlüsse mit ihren Oberseiten aufeinander.

2: Ist der Kleber getrocknet, lege ein Stück dicke Pappe unter die Deckel und schlag mit Nagel und Hammer ein Loch mittig durch beide Metalldeckel.

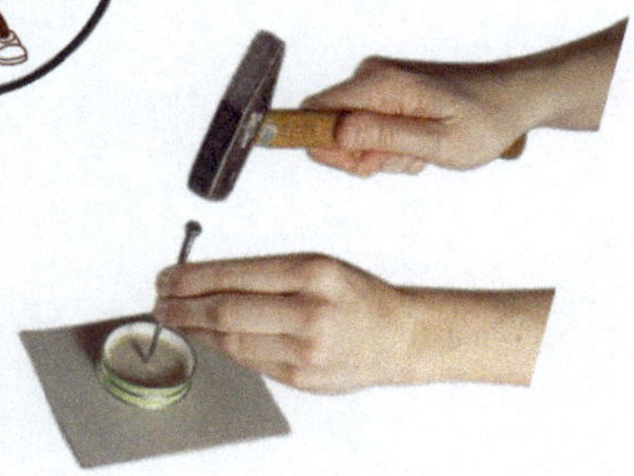

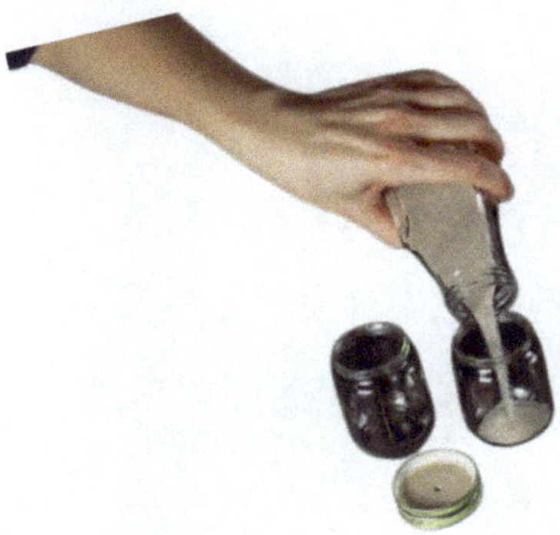

3: Siebe den Sand noch einmal durch, bevor du ihn in die Gläser oder Flaschen füllst.

4: Verschließe das Gefäß mit dem Doppeldeckel und schraube darauf das andere Glas oder die andere Flasche.

5: Uhrenvergleich! Starte die Sanduhr, indem du sie umdrehst – und miss gleichzeitig mit der Stoppuhr. So kannst du feststellen, wie lange der Sand braucht, um von einem ins andere Gefäß zu rieseln. Willst du die Uhr fürs Zähneputzen auf drei Minuten einstellen, musst du die Sandmenge anpassen und mit der Stoppuhr die Zeit "nachmessen"..

6: Umwickle die Doppeldeckel mit buntem Klebeband oder Gewebeband – das sorgt für Stabilität. Dekoriere sie mit bunten Stickern, wenn du möchtest.

Was passiert in wenigen Minuten?

Zähneputzen sollte 3 Minuten dauern.

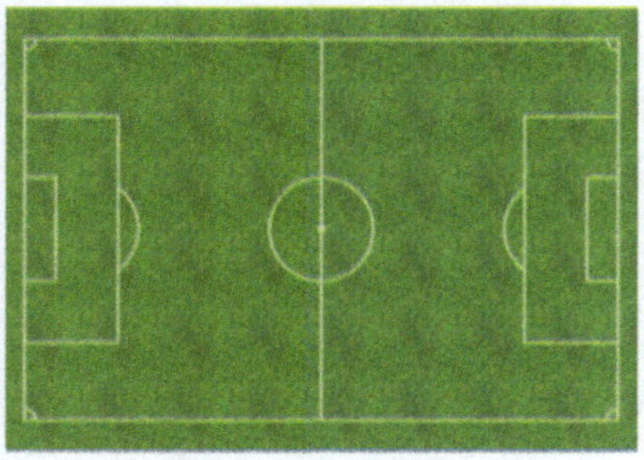

Ein Fußballspiel dauert ohne Verlängerung 90 Minuten.

Ein Ei kocht in etwa 4 bis 5 Minuten, bis es weich ist.

Römische Zahlen

Römische Zahlen sind eine besondere Art von Zahlen, die vor langer Zeit von den Römern erfunden wurden. Auch heute noch finden wir sie manchmal auf Uhren. Diese Zahlen sehen anders aus als die, die wir normalerweise benutzen. Sie bestehen aus Buchstaben des lateinischen Alphabets. Lass uns gemeinsam die römischen Zahlen von 1 bis 12 lernen und verstehen, wie sie zusammengesetzt sind.

Um die Zahlen von 1 bis 12 darzustellen, verwendet man Kombinationen dieser Symbole:

1. **I** - Ein einfaches „I“ steht für die Zahl 1.
2. **II** - Zwei „I“ hintereinander ergeben die Zahl 2.
3. **III** - Drei „I“ hintereinander ergeben die Zahl 3.
4. **IV** - Vier wird durch ein „I“ vor einem „V“ dargestellt, was 4 bedeutet (5 - 1).
5. **V** - Ein einfaches „V“ steht für die Zahl 5.
6. **VI** - Sechs wird durch ein „V“ gefolgt von einem „I“ dargestellt, was 6 bedeutet (5 + 1).
7. **VII** - Sieben wird durch ein „V“ gefolgt von zwei „I“ dargestellt, was 7 bedeutet (5 + 2).
8. **VIII** - Acht wird durch ein „V“ gefolgt von drei „I“ dargestellt, was 8 bedeutet (5 + 3).
9. **IX** - Neun wird durch ein „I“ vor einem „X“ dargestellt, was 9 bedeutet (10 - 1).
10. **X** - Ein einfaches „X“ steht für die Zahl 10.
11. **XI** - Elf wird durch ein „X“ gefolgt von einem „I“ dargestellt, was 11 bedeutet (10 + 1).
12. **XII** - Zwölf wird durch ein „X“ gefolgt von zwei „I“ dargestellt, was 12 bedeutet (10 + 2).

Auf der nächsten Seite findes du eine Uhr mit römischen Ziffern und mit der „normalen“ Schreibweise (arabische Zahlen).

1	**I**	7	**VII**
2	**II**	8	**VIII**
3	**III**	9	**IX**
4	**IV**	10	**X**
5	**V**	11	**XI**
6	**VI**	12	**XII**

Mehr Zahlen für deine Übungsuhr gibt’s auf Seite 93!

Uhr mit römischen Zahlen

Das Wagenrennen startet um 10.00 Uhr, zeichne ein!

WASSERUHR BAUEN

Wasseruhren wurden schon vor Jahrtausenden in zahlreichen Kulturen zur Zeitmessung genutzt. Die einfache Wasseruhr wurde im antiken Griechenland „Klepsydra“ genannt. Eine solche kannst du dir selber bauen!

Das brauchst du:

- Zwei leere 500ml-PET-Flaschen
- Ein Gefäss mit Wasser (dritte Flasche, Krug ...)
- Schere, Nagel, Hammer
- Lebensmittelfarbe (oder Tinte)
- Einen wasserfesten Filzstift
- Eine Stoppuhr

So wird's gemacht:

1. Schneide den oberen Teil der ersten Flasche ab und behalte den zylindrischen unteren Teil. Wir werden ihn „Auffangflasche“ nennen.
2. Schneide den Unterteil der zweiten Flasche ab und behalte den oberen mit dem Deckel. Wir nennen sie „Trichterflasche“.
3. Schraube den Deckel der Trichterflasche ab und schlage mit Hilfe von Nagel und Hammer ein kleines Loch in die Mitte des Deckels. Schraube den Deckel wieder auf die Trichterflasche.

Dein Wasseruhr kalibrieren

- Als erstes muss die Wasseruhr auf ein genaues Maß gebracht ("kalibriert") werden.

- Stell die Auffangflasche aufrecht auf eine gerade und glatte Oberfläche, auf der du das Tropfen des Wassers gut beobachten und Linien auf die Flasche malen kannst.

- Stell die Trichterflasche mit dem Deckel nach unten auf die Öffnung der Auffangflasche.

- Bereite in dem dritten Gefäss gefärbtes Wasser vor.

- Giesse das Wasser in die Trichterflasche. Markiere schnell den Wasserstand, bevor das Wasser durch das Loch auszulaufen beginnt. Das Wasser tropft nun in die Auffangflasche.

- Alle 30 Sekunden markierst du den Wasserstand in der Auffangflasche.

- Sobald der Wasserstand den zylindrischen Teil erreicht, machst du eine erste Markierung („Nullmarke") mit dem Filzstift und fängst an, die Zeit zu stoppen. Danach machst du alle 30 Sekunden eine Markierung

- Giesse anschliessend das Wasser aus der Auffangflasche wieder in das Ausgangsgefäss zurück.

AUF DIE PLÄTZE, FERTIG, LOS!

MIT DER ZEIT RECHNEN

Die ATOM-Uhr

Die genauesten Uhren sind die Atomuhren. Stell dir vor, sie gehen so gut wie niemals falsch – nicht einmal um eine Sekunde in Millionen von Jahren. Aber was machen Atomuhren so besonders?

Die meisten Uhren benötigen einen Taktgeber. Je gleichmäßiger die Schwingungen des Taktgebers sind, desto genauer läuft die Uhr. Bei mechanischen Uhren übernehmen diese Funktion das Pendel oder die sogenannte Unruh (ein Rad mit einer Spiralfeder). Bei einer Quarzuhr ist es ein Schwingquarz, der den Takt vorgibt.

In einer Atomuhr gibt es kleine Teilchen, die Atome heißen. Diese Atome schwingen immer gleich schnell, wie ein winziger, perfekter Taktgeber. So kann die Atomuhr die Zeit ganz genau messen, viel genauer als eine normale Uhr, die du zu Hause hast.

Atomuhren sind so wichtig, dass sie sogar dafür sorgen, dass alle Uhren auf der Welt genau gleich gehen. Das hilft, dass alle Menschen auf der Welt die gleiche Zeit haben, ganz egal, wo sie sind. Ohne Atomuhren könnten wir auch kein GPS nutzen, um herauszufinden, wo wir sind, denn GPS braucht sehr genaue Zeitangaben.

Also, Atomuhren sind wie die Superhelden unter den Uhren – sie halten die Welt pünktlich und helfen uns, uns nicht zu

Vergangene Minuten

Wie viele Minuten sind vergangen, seit dem es 12.00 Uhr war?

Minuten

Minuten

Minuten

Minuten

Bahnfahrt

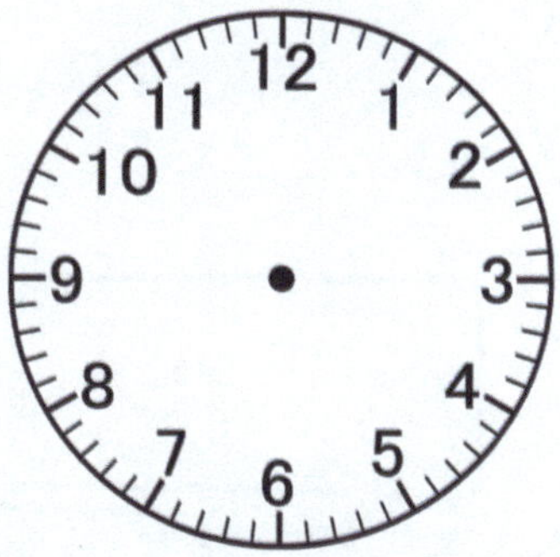

09:37

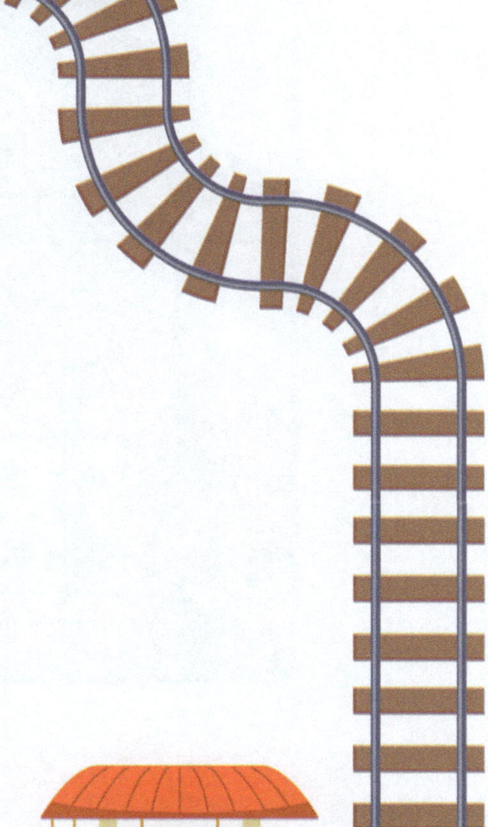

Die Bahn fährt pünktlich um 9.37 Uhr am Bahnhof ab und die Fahrt endet um 11.18 Uhr. Trage die Zeiger zu den Uhrzeiten in die beiden Uhren.

11:18

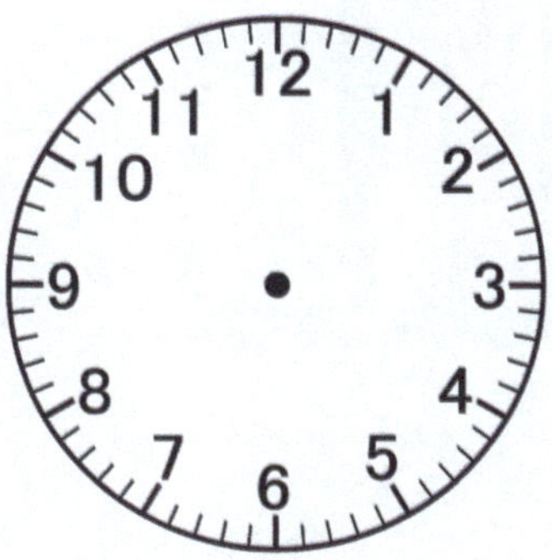

Haftstrafe

Wie lange sitzt Joe schon im Gefängnis?

___ TAGE?

8766 STUNDEN

1 JAHR

52 WOCHEN

525600 MIN.

ZEITMASCHINE

Paul probiert die neue Zeitmaschine von Professor Carl aus und möchte 6 Stunden in die Vergangenheit reisen. Er startet um 14.00 Uhr wann kommt er an? Trage die Ankunfstzeit in die Digitaluhr ein.

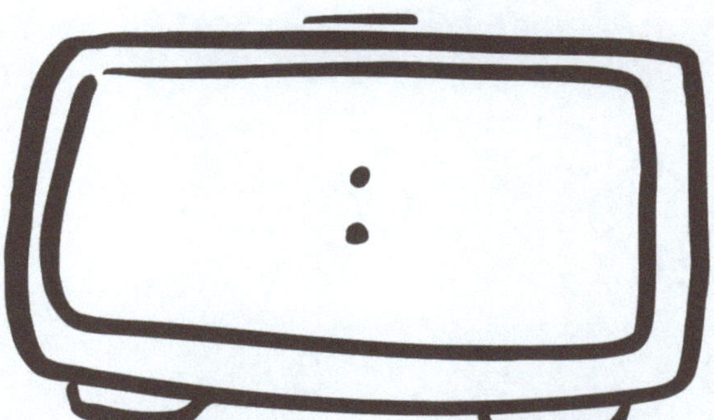

BUSFAHRPLAN

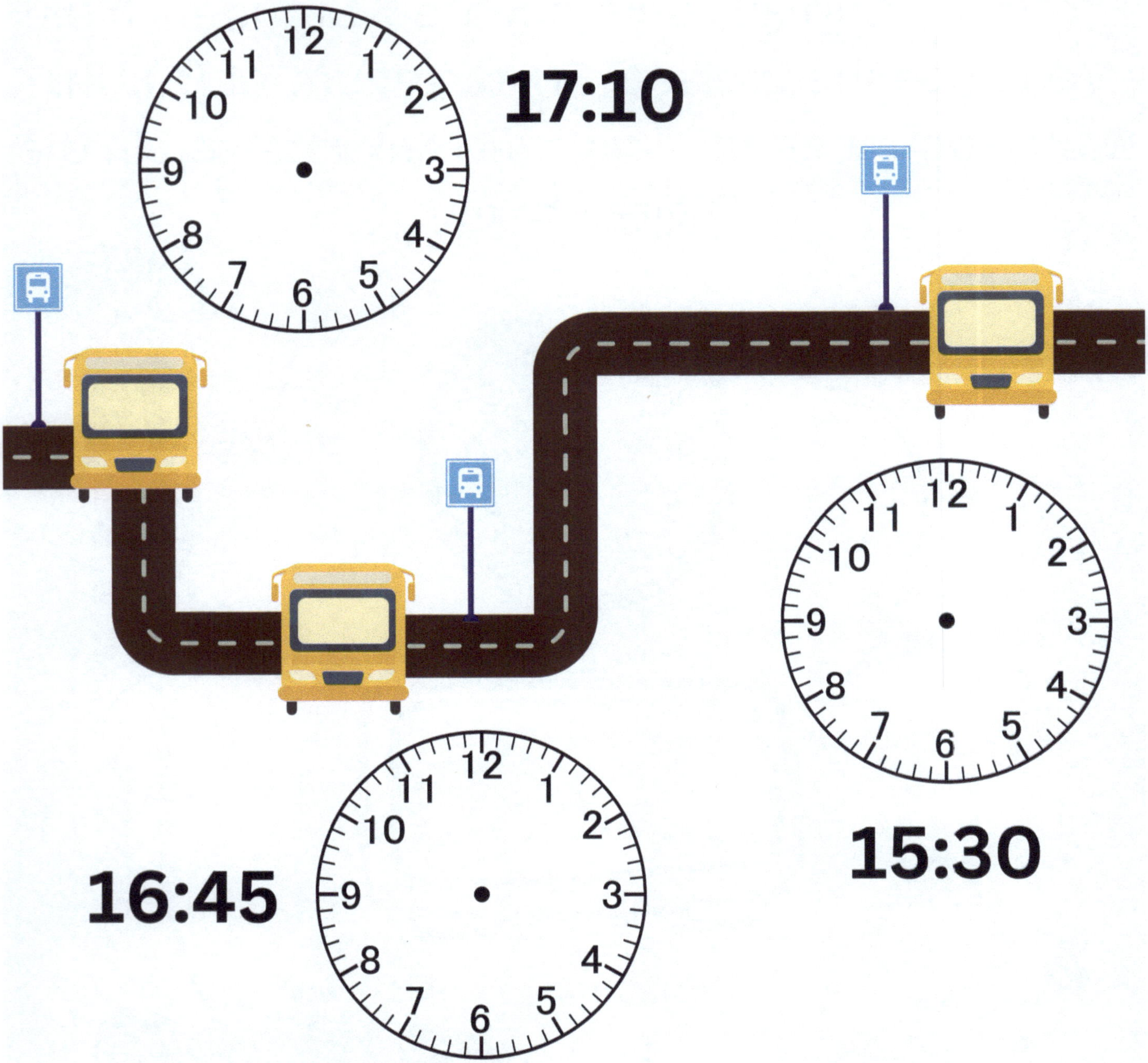

Trage die Abfahrtzeiten der
Bushaltestellen in die Uhren ein.

Was passiert in wenigen Sekunden?

Der Herzschlag eines erwachsenen Menschen dauert ca. 1 Sekunde.

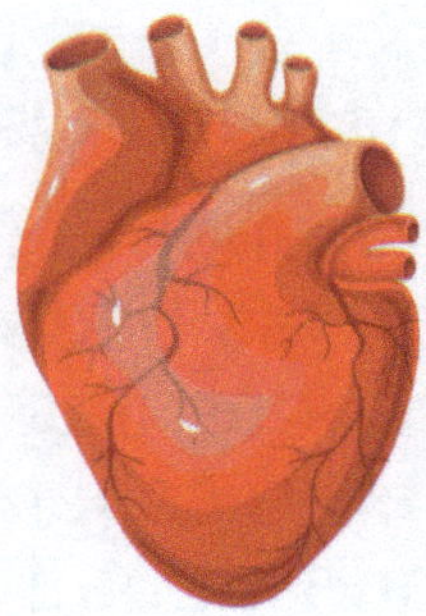

EIN FORMEL 1 RENNWAGEN BESCHLEUNIGT VON 0 AUF 100 KM/H IN UNTER 4 SEKUNDEN.

Der Weltrekord im Sprint über 100 Meter von 2009 dauerte 9,58 Sekunden.

ZEITZONEN

Unter Zeitzonen versteht man Gebiete auf unserer Erde, in denen die gleiche Zeit gilt. Sie helfen uns also dabei die Zeit an verschiedenen Orten richtig anzuzeigen. Stell dir vor, die Welt ist wie eine große Mandarine und die einzelnen Stückchen sind die Zeitzonen. Die Zeitzonen erstecken sich vom Norden nach Süden und teilen die Erde in Abschnitte ein. Sie orientieren sich dabei an einer 15°-Teilung, die jedoch häufig ausgefranste Grenzen nach Westen und Osten haben.

Warum brauchen wir aber Zeitzonen? Nun, die Erde dreht sich einmal am Tag um sich selbst. Das bedeutet, dass nicht überall zur gleichen Zeit die Sonne aufgeht und der Tag beginnt. In manchen Staaten ist es Tag, während es in anderen schon Nacht ist. Meistens beträgt der Sprung von Zeitzone zu Zeitzone genau eine Stunde. Es gibt jedoch auch wenige Zeitzonen die 30 oder 15 Minuten abweichen.

Wenn die Sonne bei uns aufgeht, ist es in unserer Zeitzone morgens. In einer anderen Zeitzone, die weiter weg ist, kann es aber schon Mittag oder noch Nacht sein. Das ist auch der Grund, warum Menschen an einem anderen Ort manchmal früher oder später ins Bett gehen oder aufstehen als wir. In manchen Ländern, wie den Vereinigten Staaten von Amerika, gibt es sogar viele verschiedene Zeitzonen.

Zeitzonen sind also wie kleine Helfer, die dafür sorgen, dass jeder weiß, wann er aufstehen, essen oder schlafen gehen soll, egal, wo er auf der Welt ist. Und wenn man von einer Zeitzone in eine andere reist, kann es sein, dass man seine Uhr umstellen muss, damit sie zur neuen Zeit passt.

Zeitzonen zuordnen

Es ist 8.00 Uhr in Berlin. Wie spät ist es dann in den anderen Städten?

New York, USA

-6:00

Kairo, Ägypten

+1:00

Rio de Janeiro, Brasilien

-5:00

Peking, China

+6:00

Sydney, Australien

+9:00

Agra, Indien

+3:30

Auto parken

Deine Eltern finden einen Parkplatz. Man darf dort 1,5 Stunden parken. Trage die Uhrzeit ein, bis wann ihr spätestens wieder losfahren müsst.

Uhrzeit der spätesten Abfahrt

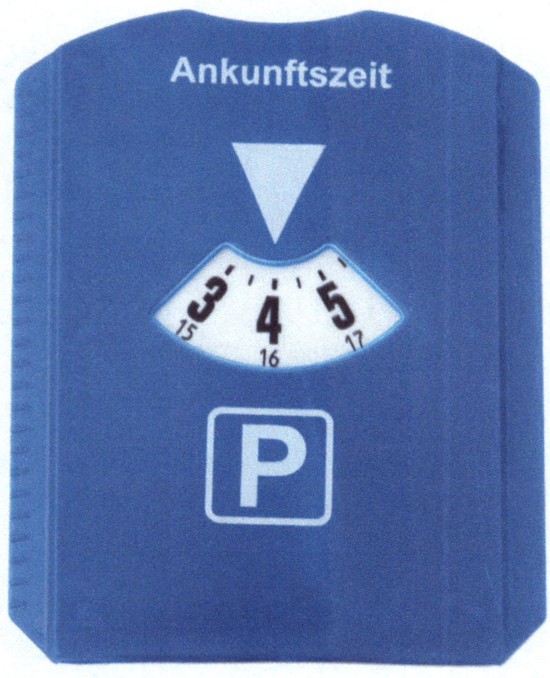

Zeitspanne zwischen zwei Zeitpunkten

Trage die Uhrzeit gemäß der angegebenen Zeitspanne in die rechten Uhren ein.

Der Weg ins Freibad

30 Minuten

Mit der Bahn zu Oma

2 Stunden

Mit dem Flugzeug in den Urlaub

4 Stunden

Das hast du super gemacht!

Herzlichen Glückwunsch.

URKUNDE

Uhren-Lese-Profi

wird vergeben an:

____

____

Datum, Unterschrift

HIER ABSTEMPELN!

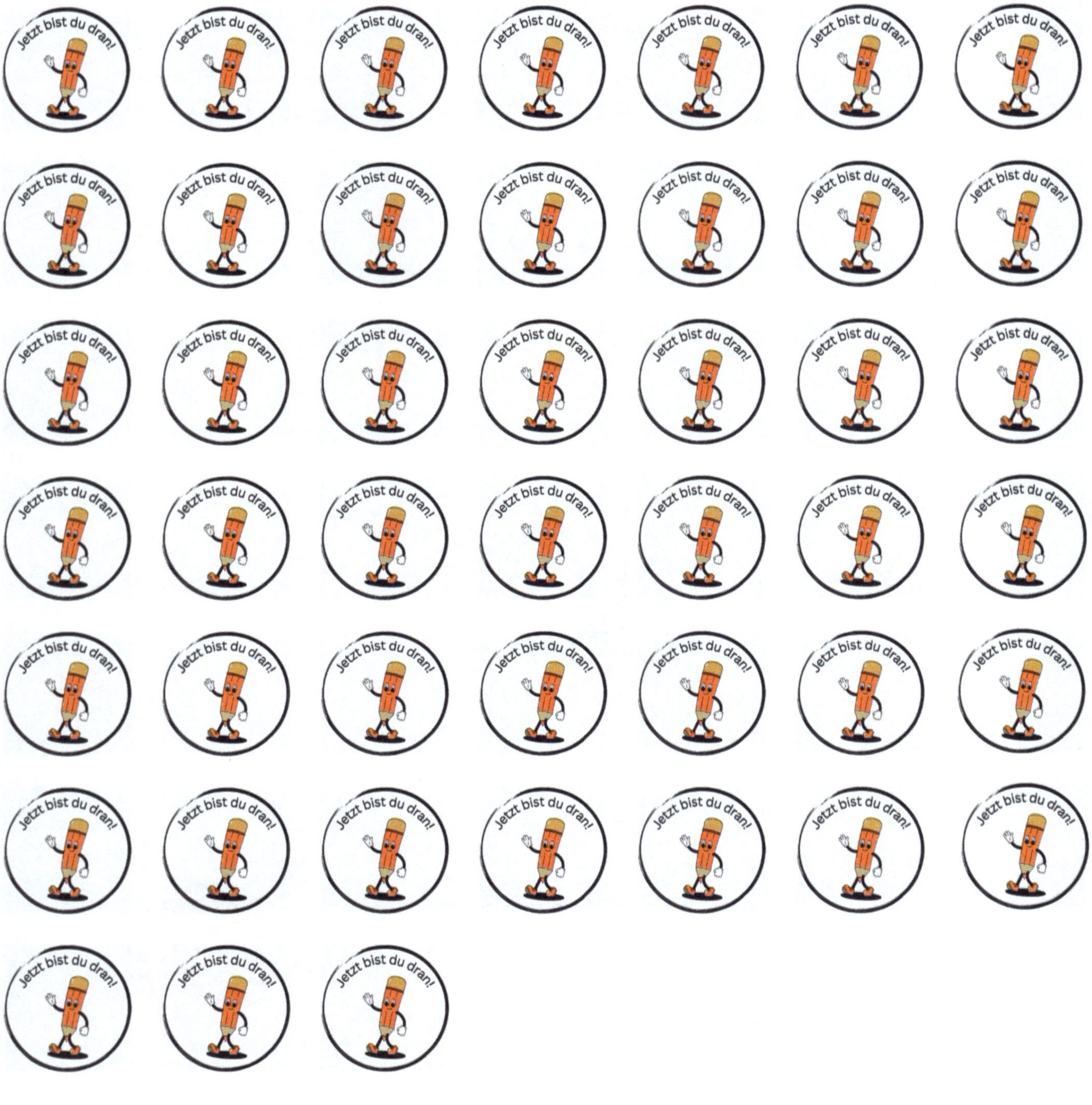

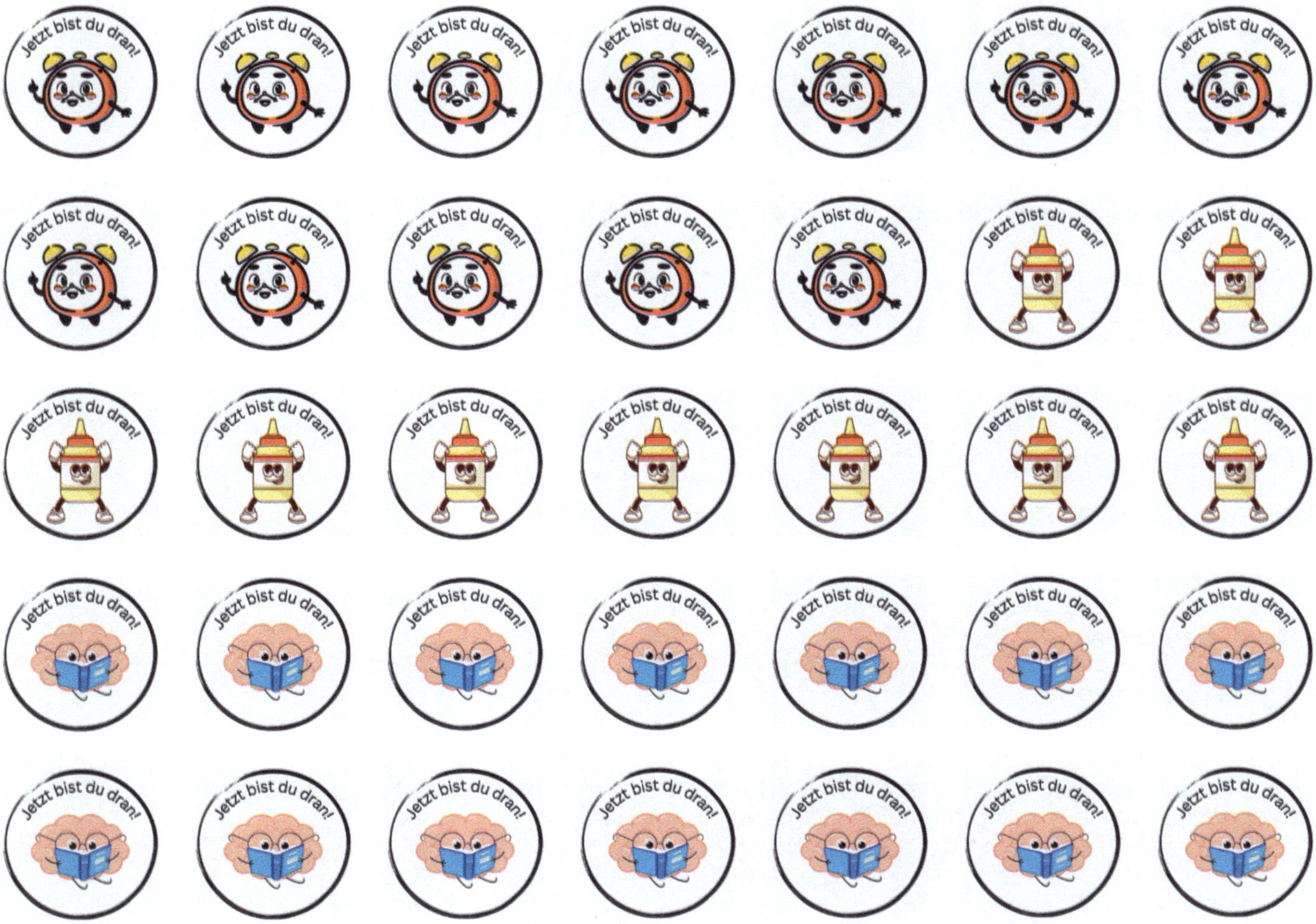

TOLLE LEISTUNG!

24	23	22	21	20	19
18	17	16	15	14	13
XII	XI	X	IX	XIII	VII
VI	V	IV	III	II	I

Impressum

Der Uhr auf der Spur

XXL-Uhrenlernbuch - Die geheimnisvollen Themen Uhr und Zeit mit tollen Bastelprojekten, spannenden Rätseln und viel Spaß spielend leicht verstehen

Dr. Dr. Johanna Wrede

Elbgaustraße 190
22547 Hamburg

kdp.johanna@gmail.com

Independently published

1. Auflage 2024

Hamburg, Deutschland

ISBN 978-3-911097-20-8

Die Deutsche Nationalbibliothek verzeichnet diese Publikation in der Deutschen Nationalbibliographie. Detaillierte bibliographische Daten sind im Internet unter http://dnb.d-nb.de abrufbar.

Hier gibt's mehr:

Wir hoffen, du hattest ganz viel Spaß mit diesem Buch und kannst jetzt lässig die Uhr lesen.

Printed in Poland
by Amazon Fulfillment
Poland Sp. z o.o., Wrocław

46227716R00054